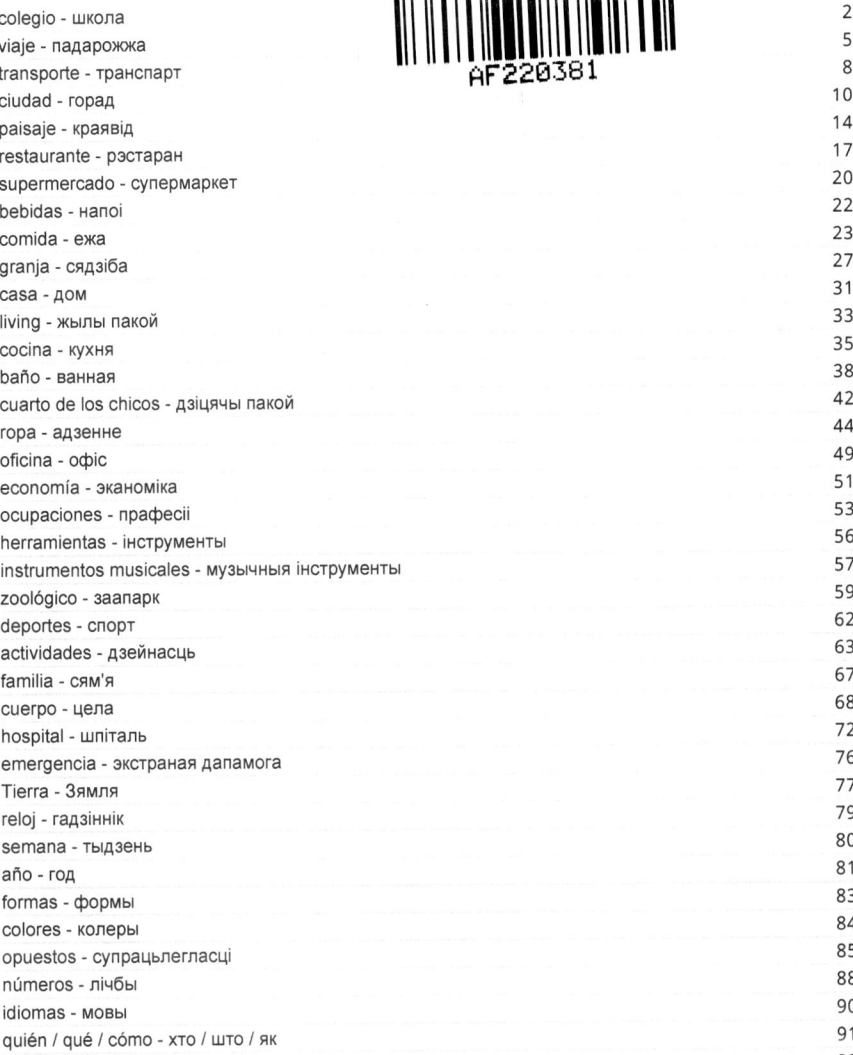

Impressum
Verlag: BABADADA GmbH, Nedderfeld 112 , 22529 Hamburg
Geschäftsführer / Verlagsleitung: Harald Hof
Druck: Books on Demand GmbH, In de Tarpen 42, 22848 Norderstedt

Imprint
Publisher: BABADADA GmbH, Nedderfeld 112 , 22529 Hamburg, Germany
Managing Director / Publishing direction: Harald Hof
Print: Books on Demand GmbH, In de Tarpen 42, 22848 Norderstedt

colegio
школа

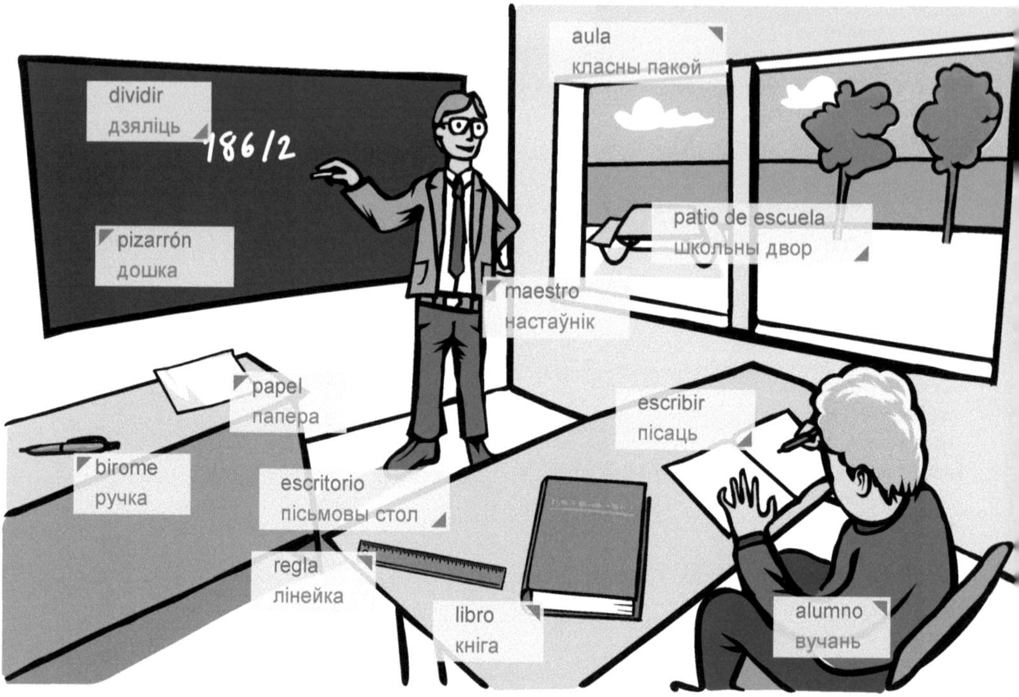

aula
класны пакой
dividir
дзяліць
186/2
pizarrón
дошка
patio de escuela
школьны двор
maestro
настаўнік
papel
папера
escribir
пісаць
birome
ручка
escritorio
пісьмовы стол
regla
лінейка
libro
кніга
alumno
вучань

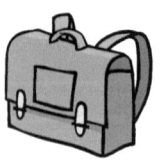

mochila

ранец

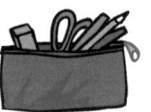

caja de lápices

пенал

lápiz

просты аловак

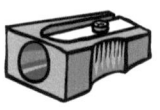

sacapuntas

тачылка для алоўкаў

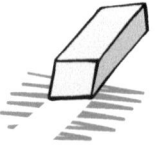

goma (de borrar)

гумка

bloc de dibujo

альбом для малявання

dibujo

малюнак

pincel

пэндзлік

caja de pinturas

фарбы

tijera

нажніцы

pegamento

клей

cuaderno de ejercicios

сшытак

tarea

хатняе заданне

número

лік

sumar

дадаваць

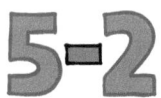

restar

адымаць

multiplicar

множыць

calcular

лічыць

letra

літара

abecedario

алфавіт

palabra

слова

texto

тэкст

leer

чытаць

tiza

крэйда

lección

ўрок

cuaderno de clase

класны журнал

examen

экзамен

certificado

атэстат

uniforme escolar

школьная форма

educación

адукацыя

enciclopedia

энцыклапедыя

universidad

універсітэт

microscopio

мікраскоп

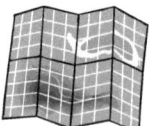

mapa

карта

tacho (de basura)

смеццевы кошык

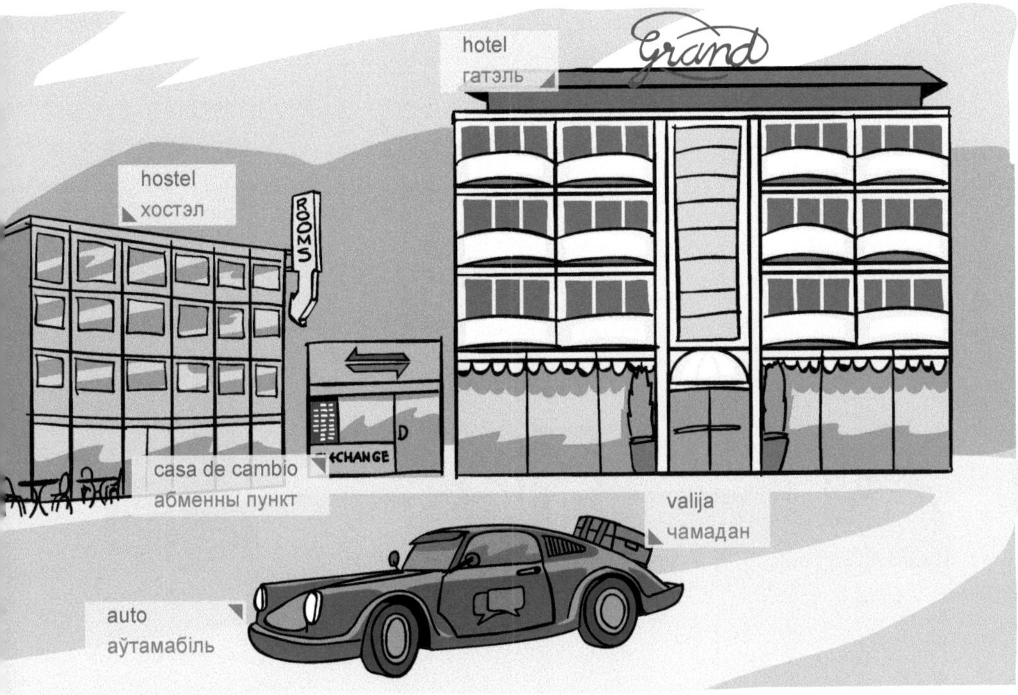

hotel
гатэль

hostel
хостэл

casa de cambio
абменны пункт

valija
чамадан

auto
аўтамабіль

idioma

мова

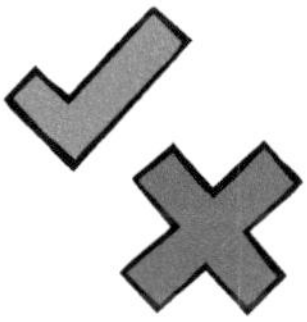

sí / no

так / не

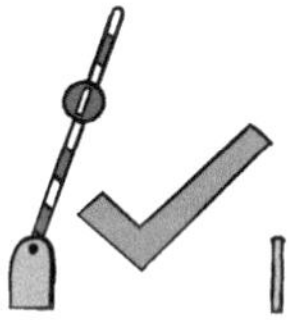

Está bien

добра

hola

прывітанне!

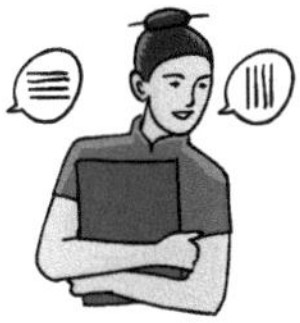

traductor

перекладчык

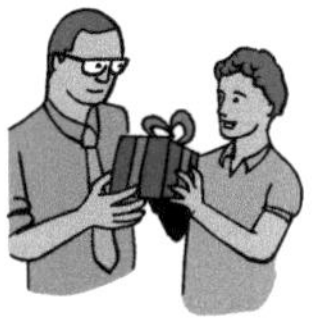

Gracias

дзякуй

¿cuánto cuesta…?	No entiendo	problema
Колькі каштуе….?	я не разумею	праблема

¡Buenas tardes!	¡Buenos días!	¡Buenas noches!
Добры вечар!	Добрай раніцы!	Дабранач!

adiós	dirección	equipaje
да пабачэння	кірунак	багаж

bolso	mochila	invitado
сумка	заплечнік	госць

habitación	bolsa de dormir	carpa
пакой	спальны мяшок	палатка

información turística

фармацыя для турыстаў

playa

пляж

tarjeta de crédito

крэдытная картка

desayuno

снеданне

almuerzo

абед

cena

вячэра

pasaje

праязны білет

ascensor

ліфт

sello

паштовая марка

frontera

мяжа

aduana

мытня

embajada

пасольства

visa

віза

pasaporte

пашпарт

transporte

транспарт

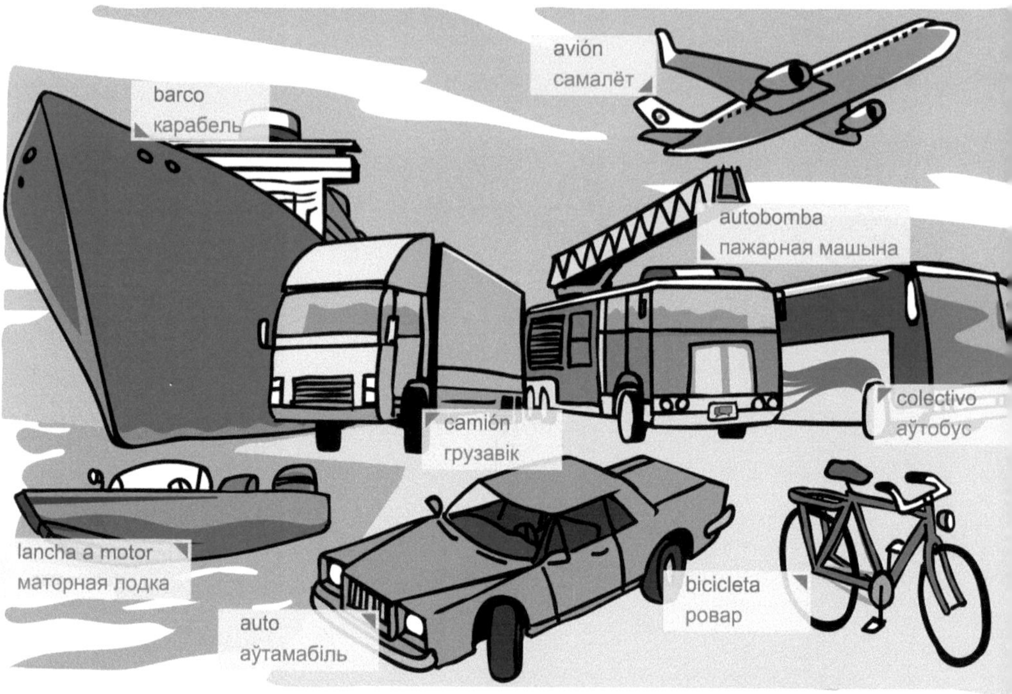
avión
самалёт
barco
карабель
autobomba
пажарная машына
colectivo
аўтобус
camión
грузавік
lancha a motor
маторная лодка
bicicleta
ровар
auto
аўтамабіль

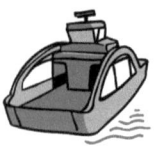

ferry

парoм

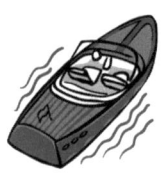

bote

лодка

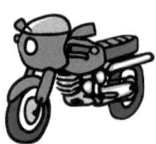

moto

матацыкл

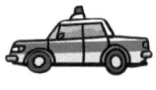

patrullero

паліцэйская машына

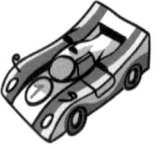

auto de carreras

гоначны аўтамабіль

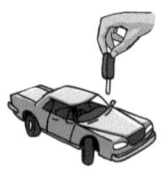

auto de alquiler

арэндаваны аўтамабіль

alquiler de autos

сумеснае карыстанне аўтамабілем

grúa

эвакуатар

camión de basura

смеццявоз

motor

матор

nafta

паліва

estación de servicio

запраўка

señal de tránsito

дарожны знак

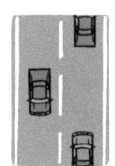

tránsito

дарожны рух

embotellamiento

затор

estacionamiento

паркоўка

estación de tren

чыгуначная станцыя

vías

рэйкі

tren

цягнік

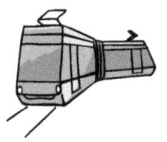

tranvía

трамвай

vagón

вагон

helicóptero

верталёт

aeropuerto

аэрапорт

torre

вежа

pasajero

пасажыр

contenedor

кантэйнер

caja de cartón

кардонная скрыня

carretilla

тачка

canasta

карзіна

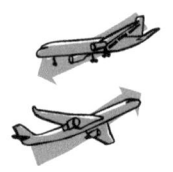

despegar / aterrizar

ўзлятаць / прызямляцца

ciudad

горад

pueblo

вёска

centro de ciudad

цэнтр горада

casa

дом

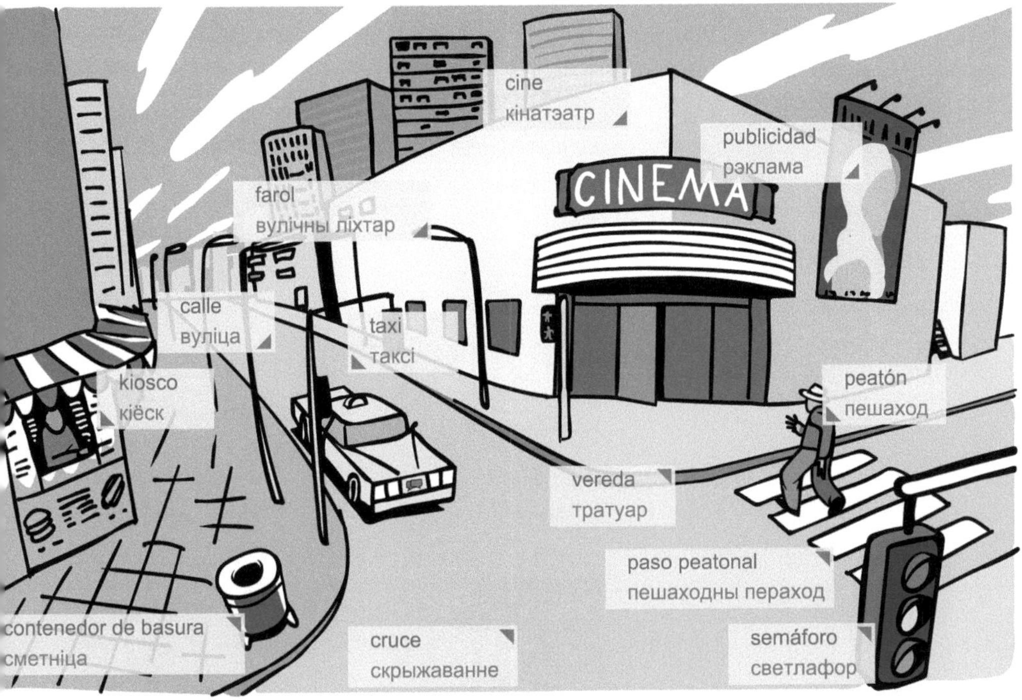

cine
кінатэатр

publicidad
рэклама

farol
вулічны ліхтар

calle
вуліца

taxi
таксі

kiosco
кіёск

peatón
пешаход

vereda
тратуар

paso peatonal
пешаходны пераход

contenedor de basura
сметніца

cruce
скрыжаванне

semáforo
светлафор

cabaña
халупа

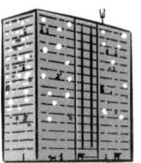

departamento
кватэра

estación de tren
чыгуначная станцыя

municipalidad
ратуша

museo
музей

colegio
школа

ciudad - горад

universidad

універсітэт

banco

банк

hospital

шпіталь

hotel

гатэль

farmacia

аптэка

oficina

офіс

librería

кнігарня

negocio

крама

florería

кветкавая крама

supermercado

супермаркет

mercado

кірмаш

grandes tiendas

універмаг

pescadería

рыбная крама

centro comercial

гандлевы цэнтр

puerto

порт

parque

парк

banco

лава

puente

мост

escaleras

лесвіца

subte

метро

túnel

тунэль

parada del colectivo

прыпынак

bar

бар

restaurante

рэстаран

buzón

паштовая скрыня

letrero

вулічны паказальнік

parquímetro

паркамат

zoológico

заапарк

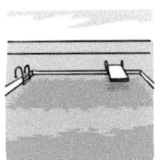

pileta

басейн

mezquita

мячэць

granja

сядзіба

contaminación

забруджванне
навакольнага асяроддзя

cementerio

могілкі

iglesia

царква

juegos infantiles

пляцоўка для гульні

templo

храм

paisaje
краявід

hoja
ліст

poste indicador
паказальнік

camino
дарога

pradera
луг

piedra
камень

excursionista
падарожнік

árbol
дрэва

río
рака

hierba
трава

flor
кветка

valle

даліна

montaña

гара

lago

возера

bosque

лес

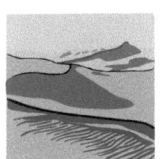

desierto

пустыня

volcán

вулкан

castillo

замак

arco iris

вясёлка

champiñón

грыб

palmera

пальма

mosquito

камар

mosca

муха

hormiga

мурашка

abeja

пчала

araña

павук

escarabajo

жук

rana

жаба

ardilla

вавёрка

erizo

вожык

liebre

заяц

lechuza

сава

pájaro

птушка

cisne

лебедзь

jabalí

дзік

ciervo

алень

alce

лось

presa

плаціна

aerogenerador

вятрак

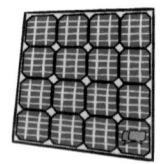

panel solar

сонечная батарэя

clima

клімат

restaurante
рэстаран

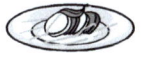

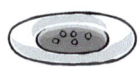

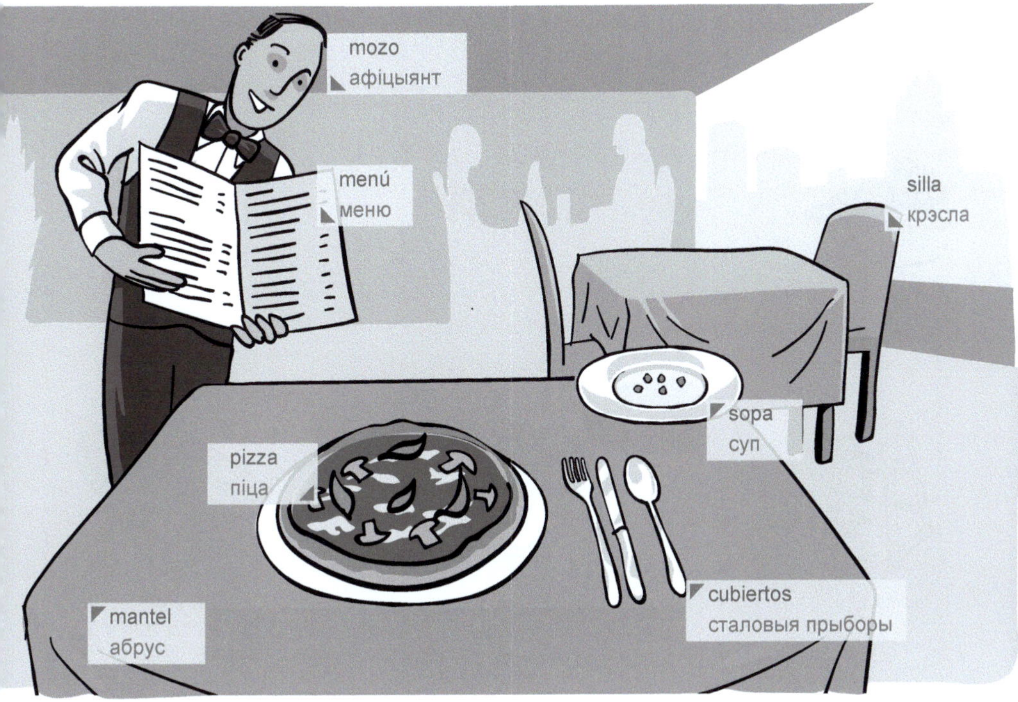
mozo
афіцыянт
menú
меню
silla
крэсла
sopa
суп
pizza
піца
cubiertos
сталовыя прыборы
mantel
абрус

entrada

закуска

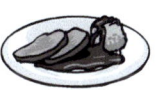

plato principal

другая страва

postre

дэсерт

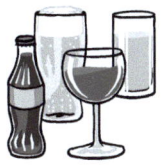

bebidas

напоі

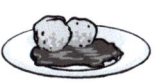

comida

ежа

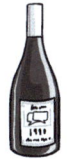

botella

бутэлька

comida rápida

хуткае харчаванне (фаст-фуд)

comida callejera

стрыт-фуд

tetera

імбрык (чайнік)

azucarera

цукарніца

porción

порцыя

cafetera expreso

эспрэса-машына

sillita alta

дзіцячае крэселка

cuenta

рахунак

bandeja

паднос

cuchillo

нож

tenedor

відэлец

cuchara

лыжка

cucharita

чайная лыжка

servilleta

сурвэтка

vaso

шклянка

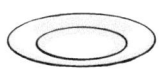

plato

талерка

plato hondo

супавая талерка

plato

сподак

salsa

соус

salero

сальніца

molinillo de pimienta

млынок для перцу

vinagre

воцат

aceite

алей

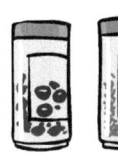

especias

спецыі

kétchup

кетчуп

mostaza

гарчыца

mayonesa

маянэз

supermercado
супермаркет

oferta especial
акцыя
FOR
cliente
пакупнік
lácteos
малочныя прадукты
fruta
садавіна
changuito
вазок

BUTCHERS

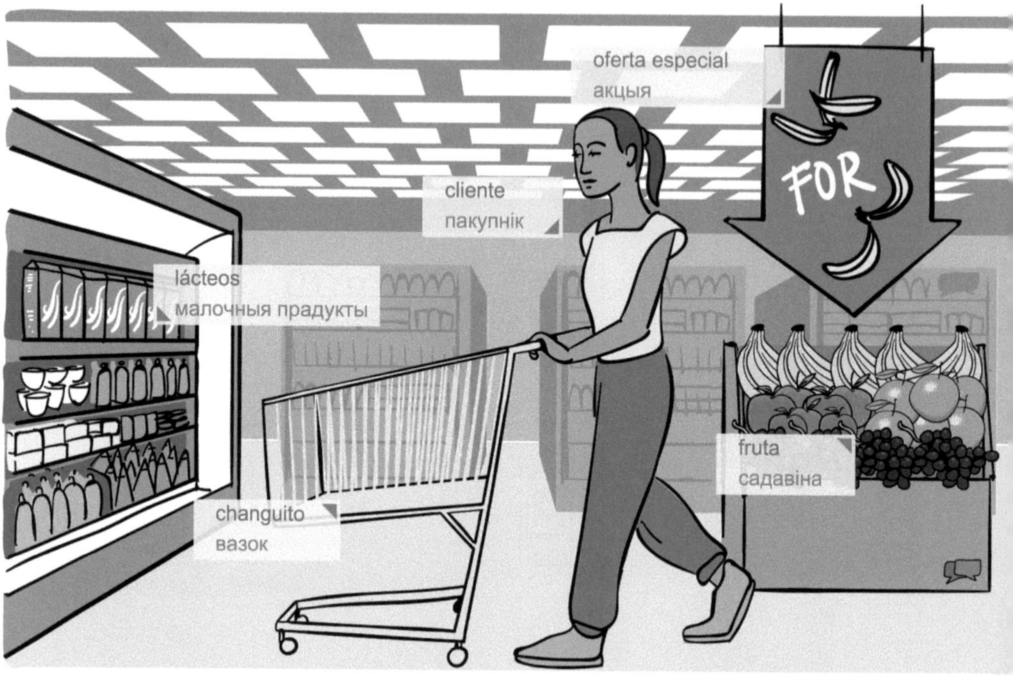

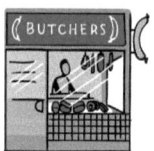

carnicería

мясная крама

BAKERY

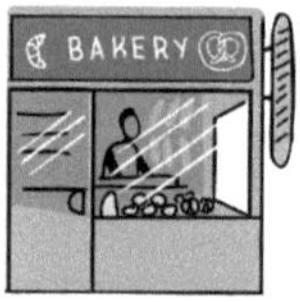

panadería

хлебны магазін

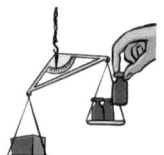

pesar

важыць

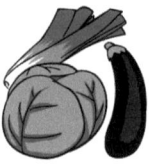

verduras

гароднiна

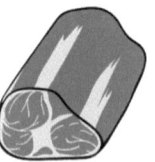

carne

мяса

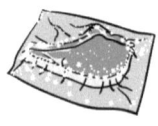

alimentos congelados

свежазамарожаныя прадукты

fiambres
нарэзка

alimentos enlatados
кансервы

detergente en polvo
пральны парашок

golosinas
прысмакі

electrodomésticos
хатнія прылады

productos de limpieza
чысцячы сродак

vendedora
прадавец

caja
каса

cajero
касір

lista de compras
спіс пакупак

horario de atención
гадзіны працы

billetera
бумажнік

tarjeta de crédito
крэдытная картка

cartera
сумка

bolsa de plástico
пакет

agua

вада

jugo

сок

leche

малако

bebida cola

кола

vino

віно

cerveza

піва

alcohol

алкаголь

cacao

какава

té

гарбата (чай)

café

кава

café expreso

эспрэса

cappuccino

капучына

banana

банан

manzana

яблык

naranja

апельсін

melón

дыня

limón

лімон

zanahoria

морква

ajo

часнок

bambú

бамбук

cebolla

цыбуля

champiñón

грыб

nueces

арэхі

fideos

локшына

tallarines

спагеці

arroz

рыс

ensalada

салата

papas fritas

бульба фры

papas fritas

смажаная бульба

pizza

піца

hamburguesa

гамбургер

sándwich

бутэрброд

churrasco

шніцаль

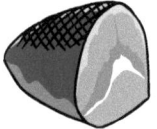

jamón

вяндліна

salame

салямі

salchicha

каўбаса

pollo

курыца

asado

смажаніна

pescado

рыбак

copos de avena

аўсяныя камякі

muesli

мюслі

copos de maíz

кукурузныя шматкі

harina

мука

medialuna

круасан

pancito

булачка

pan

хлеб

tostada

тост

galletitas

пячэнне

manteca

масла

cuajada

тварог

torta

пірог

huevo

яйка

huevo frito

яечня

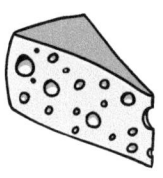

queso

сыр

comida - ежа

helado

марожанае

azúcar

цукар

miel

мёд

mermelada

варэнне

pasta de chocolate

нуга

curry

кары

granja

сядзіба

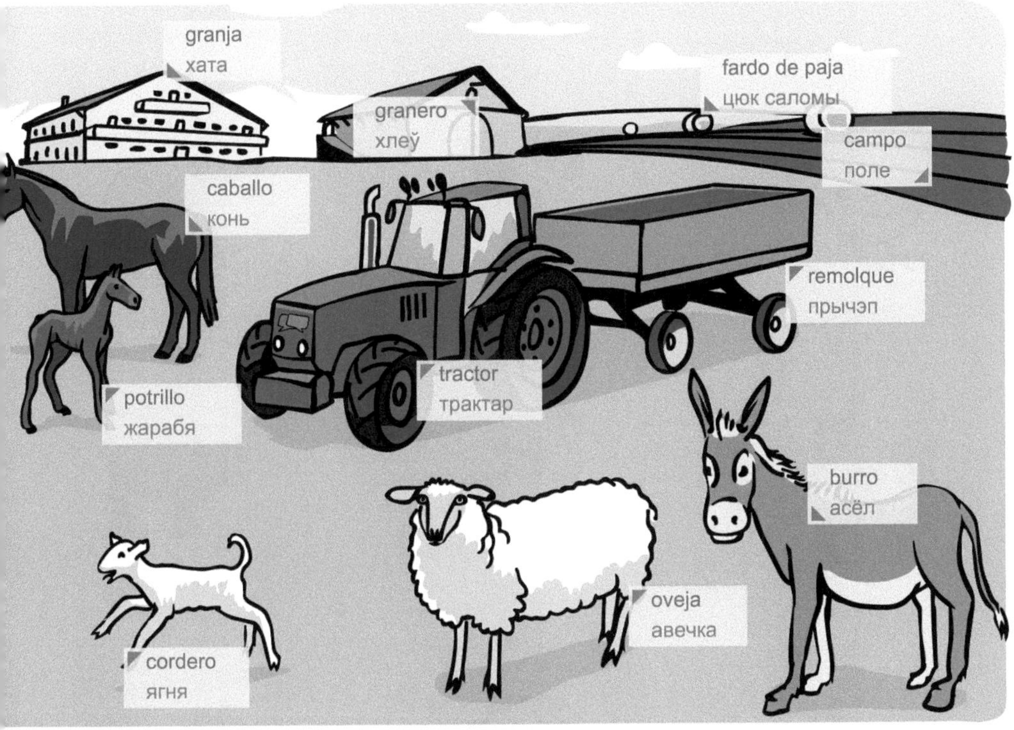
granja
хата
granero
хлеў
fardo de paja
цюк саломы
campo
поле
caballo
конь
remolque
прычэп
tractor
трактар
potrillo
жарабя
burro
асёл
oveja
авечка
cordero
ягня

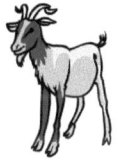

cabra

каза

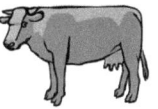

vaca

карова

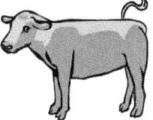

ternero

цяля

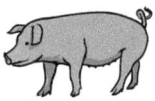

cerdo

свіння

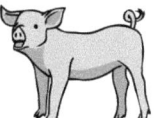

lechón

парася

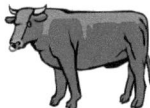

toro

бык

ganso

гусак

pato

качка

pollo

кураня

gallina

курыца

gallo

певень

rata

пацук

gato

кот

ratón

мыш

buey

вол

perro

сабака

cucha

сабачая будка

manguera

садовы шланг

regadera

палівачка

guadaña

каса

arado

плуг

hoz
серп

azada
матыка

horquilla
вілы для гною

hacha
сякера

carretilla
тачка

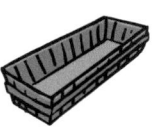

abrevadero
карыта

lechera
бітон для малака

bolsa
мех

reja
плот

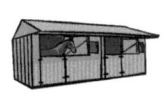

establo
хлеў

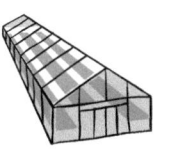

invernadero
цяпліца

suelo
глеба

semilla
насенне

fertilizador
угнаенне

cosechadora
камбайн

cosechar

збіраць ураджай

cosecha

ураджай

batatas

ямс

trigo

пшаніца

soja

соя

papa

бульба

maíz

кукуруза

semilla de colza

рапс

árbol frutal

садовае дрэва

mandioca

маніёк

cereales

збожжа

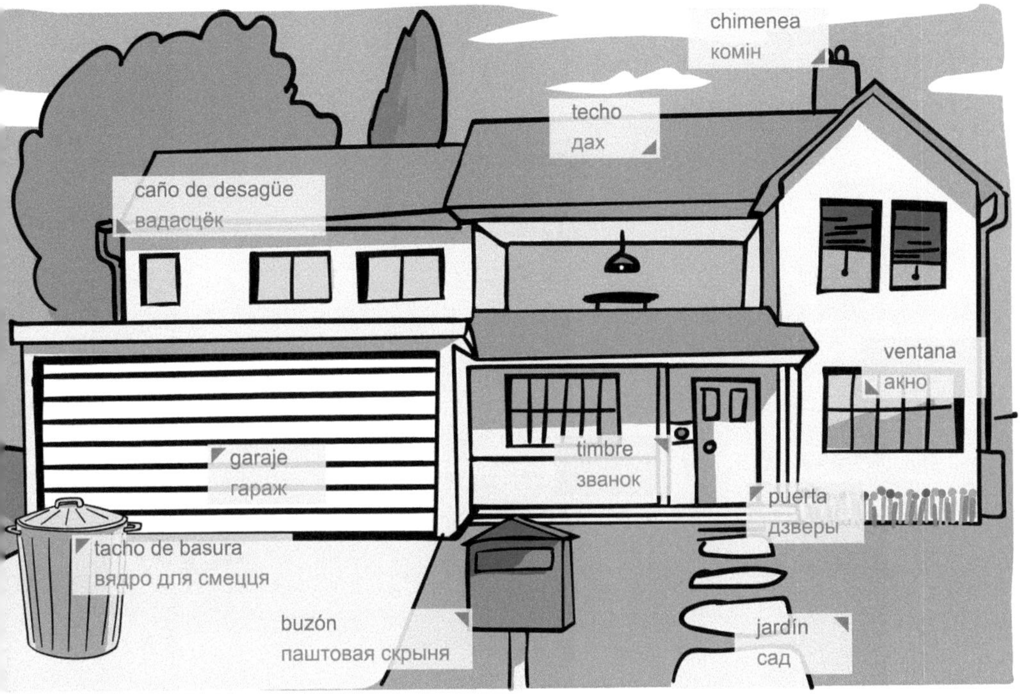

chimenea
комін

techo
дах

caño de desagüe
вадасцёк

ventana
акно

garaje
гараж

timbre
званок

puerta
дзверы

tacho de basura
вядро для смецця

buzón
паштовая скрыня

jardín
сад

living

жылы пакой

baño

ванная

cocina

кухня

dormitorio

спальны пакой

cuarto de los chicos

дзіцячы пакой

comedor

сталоўка

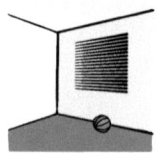

piso

падлога

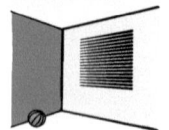

pared

сцяна

cielorraso

столь

sótano

падвал

sauna

саўна

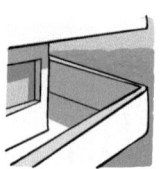

balcón

балкон

terraza

тэраса

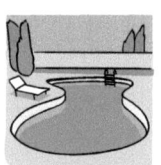

pileta

басейн

cortadora de pasto

касілка

sábana

падкоўдранік

acolchado

коўдра

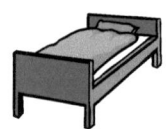

cama

ложак

escoba

венік

balde

вядро

interruptor

выключальнік

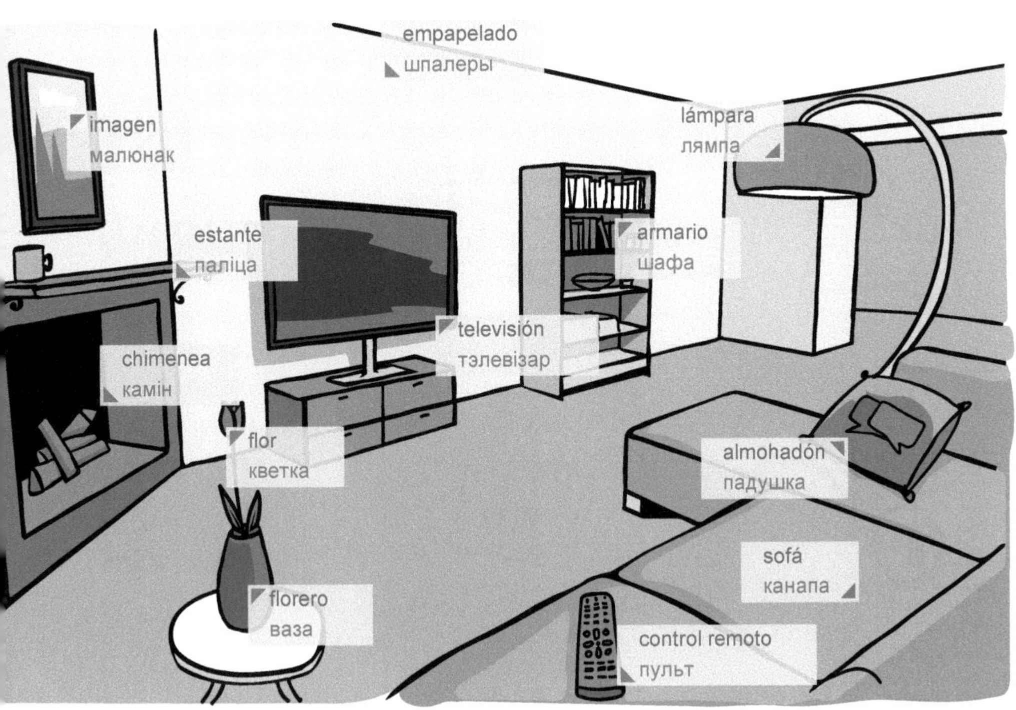

emppapelado
шпалеры

imagen
малюнак

lámpara
лямпа

estante
паліца

armario
шафа

chimenea
камін

televisión
тэлевізар

flor
кветка

almohadón
падушка

sofá
канапа

florero
ваза

control remoto
пульт

alfombra

дыван

cortina

фіранка

mesa

стол

silla

крэсла

mecedora

крэсла-качалка

sillón

крэсла

libro

кніга

frazada

коўдра

decoración

дэкарацыя

leña

дровы

película

кіно

equipo de música

стэрэасістэма

llave

ключ

diario

газета

pintura

карціна

póster

постар

radio

радыё

cuaderno

нататнік

aspiradora

пыласос

cactus

кактус

vela

свечка

cocina
кухня

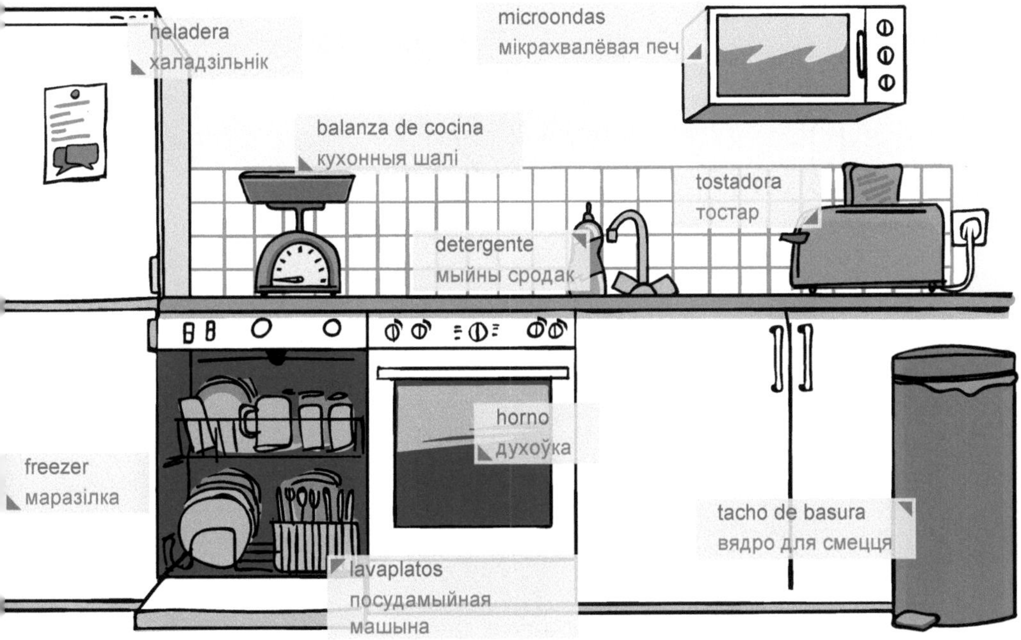

heladera
халадзільнік
microondas
мікрахвалёвая печ
balanza de cocina
кухонныя шалі
tostadora
тостар
detergente
мыйны сродак
horno
духоўка
freezer
маразілка
tacho de basura
вядро для смецця
lavaplatos
посудамыйная
машына

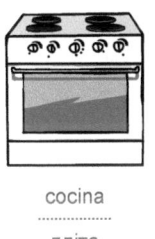

cocina

пліта

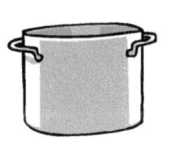

olla

рондаль

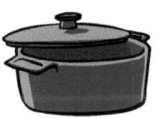

olla de hierro fundido

чыгунок

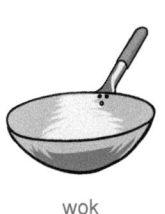

wok

Вок / кадаі

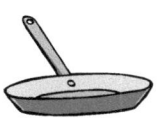

sartén

патэльня

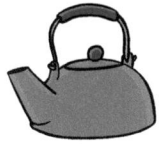

pava

чайнік

vaporera

параварка

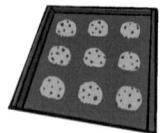

bandeja de horno

бляха

vajilla

посуд

taza

кубак

bol

міска

palitos

палачкі для ежы

cucharón

чарпак

estpátula

лапатачка

batidora

збівалка

colador

сіта для варэння

colador

сіта

rallador

тарка

mortero

ступка

parrilla

грыль

fogata

вогнішча

tabla de picar

дошка

palo de amasar

качалка

sacacorchos

штопар

lata

бляшанка

abrelatas

адкрывалка

manopla

прыхваткі

pileta

ракавіна

cepillo

шчотка

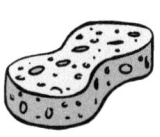

esponja

губка

batidora

міксер

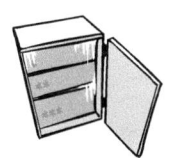

congelador

маразільная камера

mamadera

бутэлечка

canilla

вадаправодны кран

baño

ванная

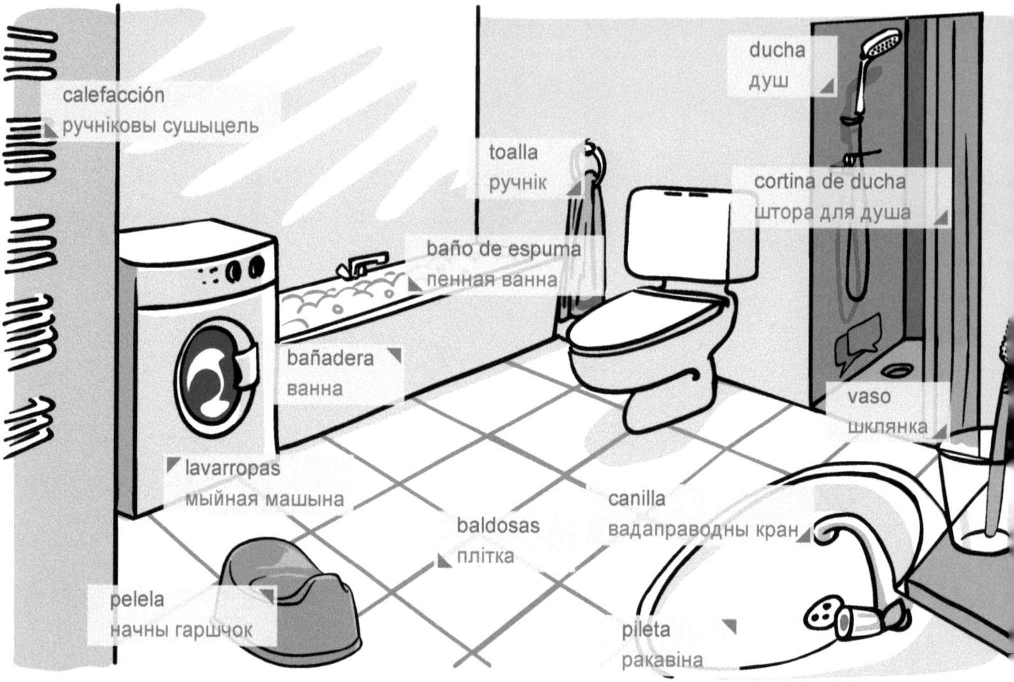

calefacción
ручніковы сушыцель
ducha
душ
toalla
ручнік
cortina de ducha
штора для душа
baño de espuma
пенная ванна
bañadera
ванна
vaso
шклянка
lavarropas
мыйная машына
canilla
вадаправодны кран
baldosas
плітка
pelela
начны гаршчок
pileta
ракавіна

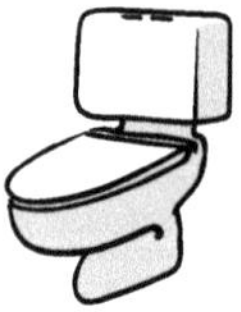

inodoro

туалет

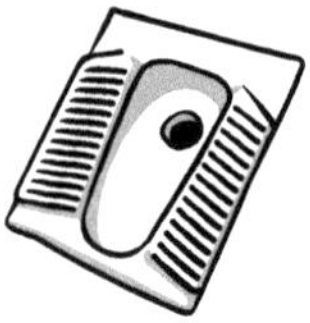

letrina

падлогавы ўнітаз

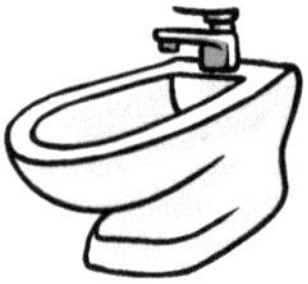

bidé

бідэ

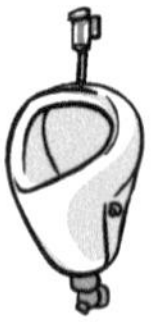

mingitorio

пісуар

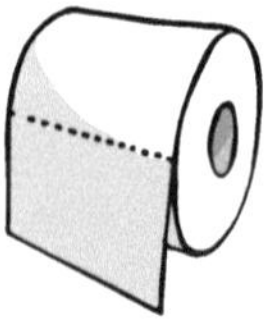

papel higiénico

туалетная папера

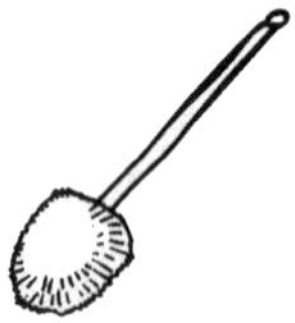

cepillo para el inodoro

шчотка для чысткі ўнітаза

cepillo de dientes

зубная шчотка

dentífrico

зубная паста

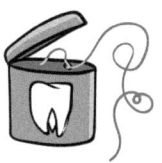

hilo dental

зубная нітка

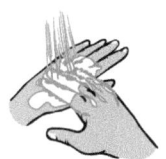

lavar

мыць

ducha de mano

ручны душ

ducha higiénica

інтымны душ

palangana

умывальнік

cepillo para espalda

шчотка для спіны

jabón

мыла

gel de ducha

гель для душа

shampoo

шампунь

toallita

вяхотка

desagüe

вадасцёк

crema

крэм

desodorante

дэзадарант

baño - ванная

espejo

люстэрка

espejito

касметычнае люстэрка

maquinita de afeitar

станок для галення

espuma de afeitar

пена для галення

aftershave

ласьён пасля галення

peine

грэбень

cepillo

шчотка

secador de pelo

фен

spray

лак для валасоў

maquillaje

касметыка

lápiz de labios

памада

esmalte para uñas

лак для пазногцяў

algodón

вата

tijera para uñas

манікюрныя нажніцы

perfume

духі

portacosméticos

касметычка

banqueta

табурэтка

balanza

вагі

bata

лазневы халат

guantes de goma

санітарныя пальчаткі

tampón

тампон

toallita femenina

гігіенічныя пракладкі

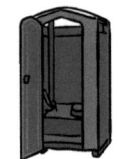

baño químico

біятуалет

cuarto de los chicos
дзіцячы пакой

despertador
будзільнік
peluche
мяккая цацка
coche de juguete
цацачная машынка
sonajero
бразготка
casa de muñecas
лялечны домік
regalo
падарунак

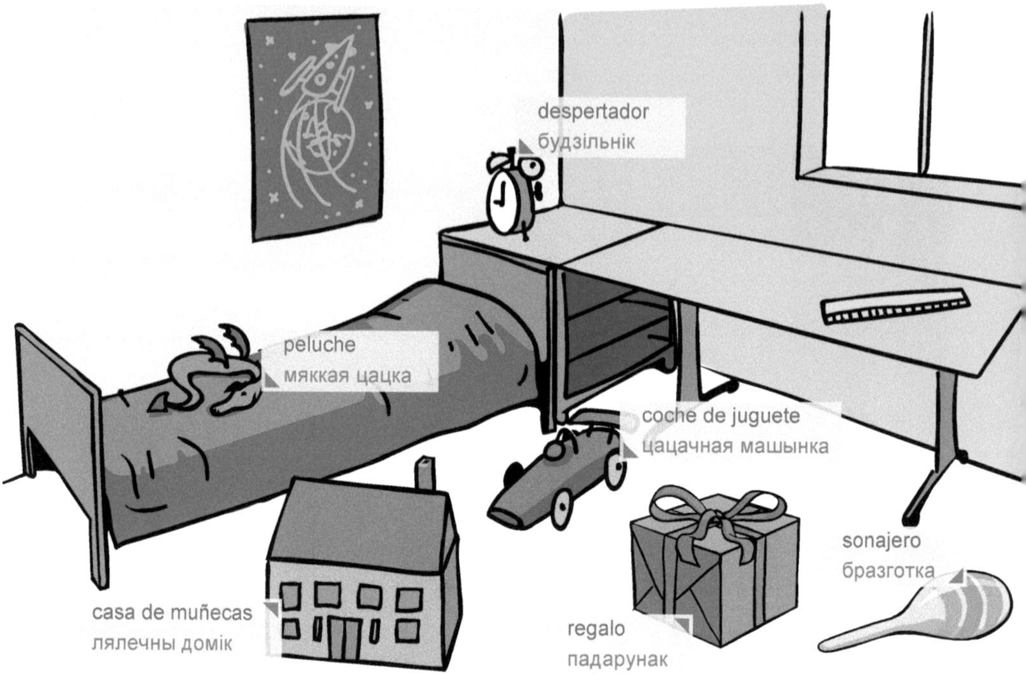

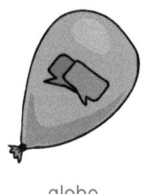

globo

надзіманы шарык

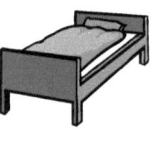

cama

ложак

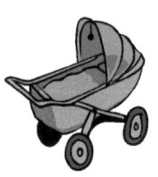

cochecito

дзіцячая каляска

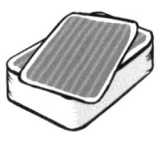

cartas

калода картаў

rompecabezas

пазл

SUPER
MEGA

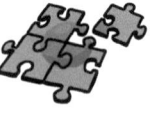

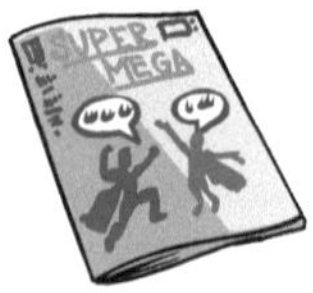

historieta

комікс

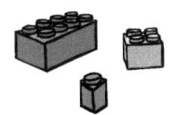

piezas de lego

канструктар "Лега"

ladrillos de juguete

канструктар

figura de acción

экшэн-фігурка

enterito (de bebé)

дзіцячы гарнітур

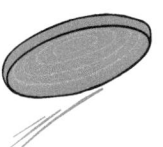

frisbee

фрызбі

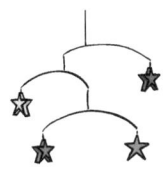

móvil para bebés

дзіцячы мабіль

juego de mesa

настольная гульня

dados

кубік

tren eléctrico

дзіцячая чыгунка

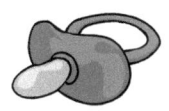

chupete

пустышка

fiesta

дзіцячае свята

libro de cuentos ilustrado

кніга з малюнкамі

pelota

мячык

muñeca

лялька

jugar

гуляцца

arenero

пясочніца

hamaca

арэлі

juguetes

цацкі

consola de videojuegos

гульнявая відэа прыстаўка

triciclo

трохколавы ровар

osito de peluche

плюшавы мішка

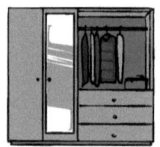

armario

шафа

ropa

адзенне

medias

шкарпэткі

medias panty

панчохі

calzas

калготкі

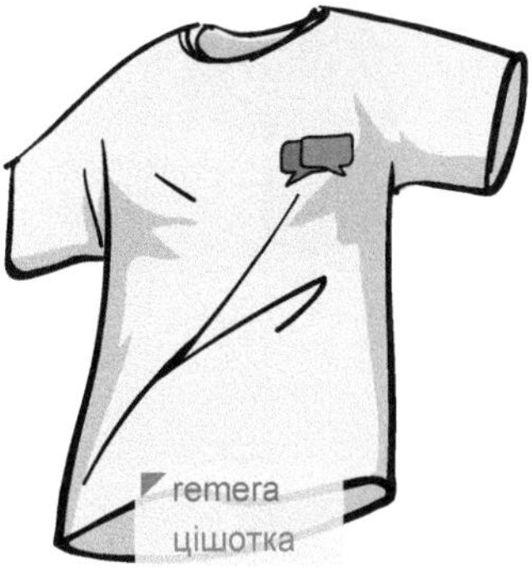

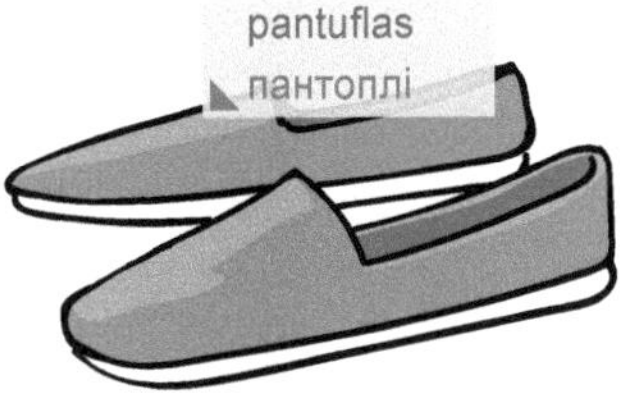

bufanda
шалік

paraguas
парасон

cinturón
рамень

remera
цішотка

botas
боты

pantuflas
пантоплі

zapatillas
красоўкі

sandalias
сандалі

zapatos
абутак

botas de goma
гумовыя боты

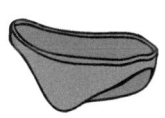

ropa interior
трусы

corpiño
бюстгальтар

chaleco
майка

body

бодзі

pantalones

штаны

jeans

джынсы

pollera

спадніца

blusa

блузка

camisa

кашуля

pulóver

джэмпер

buzo

талстоўка

blazer

блэйзер

campera

куртка

tapado

паліто

piloto

дажджавік

traje

касцюм

vestido

сукенка

vestido de novia

вясельная сукенка

traje

касцюм

camisón

начная сарочка

pijama

піжама

sari

сары

pañuelo para cabeza

хустка

turbante

цюрбан

burka

паранджа

caftán

каптан

abaya

Абая

traje de baño

купальнік

short de baño

плаўкі

shorts

шорты

jogging

спартыўны касцюм

delantal

фартух

guantes

пальчаткі

botón

гузік

anteojos

акуляры

pulsera

бранзалет

collar

каралі

anillo

кальцо

aro

завушніца

gorra

кепка

percha

вешалка

sombrero

капялюш

corbata

гальштук

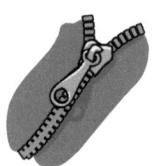

cierre

маланка

casco

шлем

tiradores

падцяжкі

uniforme escolar

школьная форма

uniforme

уніформа

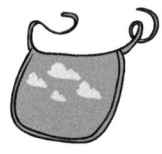

babero

нагруднік

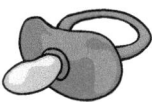

chupete

пустышка

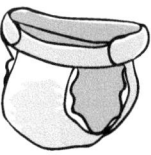

pañal

падгузнік

oficina

офіс

servidor
сервер
archivero
канцылярская шафа
impresora
прынтэр
papel
папера
monitor
манітор
mouse
мыш
escritorio
пісьмовы стол
carpeta
тэчка
teclado
клавіятура
silla
крэсла
tacho (de basura)
смеццевы кошык
computadora
кампутар

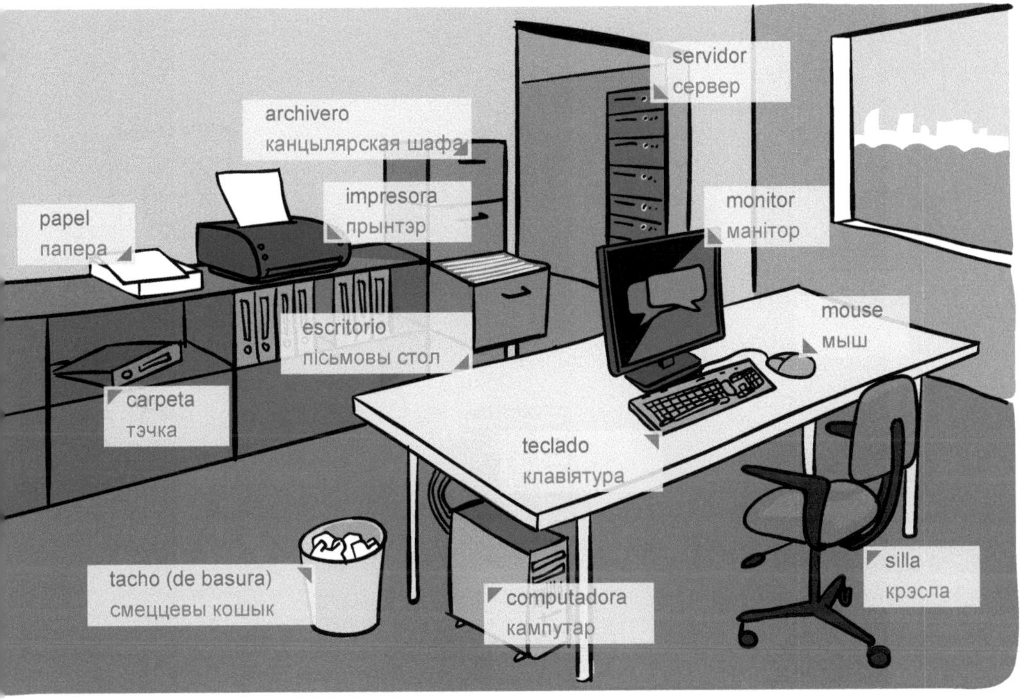

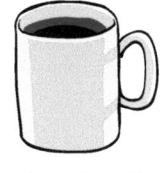

taza de café

бак для кавы (філіжанка)

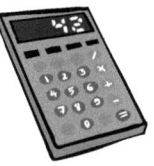

calculadora

калькулятар

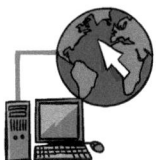

internet

інтэрнэт

laptop

ноўтбук

carta

ліст

mensaje

паведамленне

celular

мабільны тэлефон

red

сетка

fotocopiadora

ксеракс

software

праграмнае забеспячэнне

teléfono

тэлефон

tomacorriente

разетка

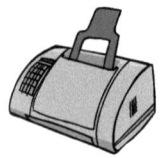

fax

факс

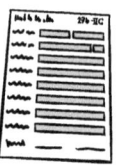

formulario

фармуляр

documento

дакумент

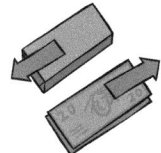

comprar

купляць

pagar

плаціць

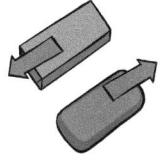

hacer negocios

гандляваць

dinero

грошы

dólar

долар

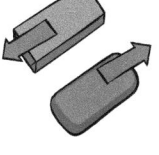

euro

еўра

yen

ена

rublo

рубель

franco suizo

франк

yuan

кітайскі юань

rupia

рупія

cajero automático

банкамат

casa de cambio

абменны пункт

oro

золата

plata

срэбра

petróleo

нафта

energía

энергія

precio

цана

contrato

кантракт

impuesto

падатак

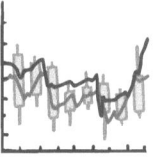

acción

акцыя

trabajar

працаваць

empleado

служачы

empleador

працадаўца

fábrica

фабрыка

negocio

крама

ocupaciones
прафесіі

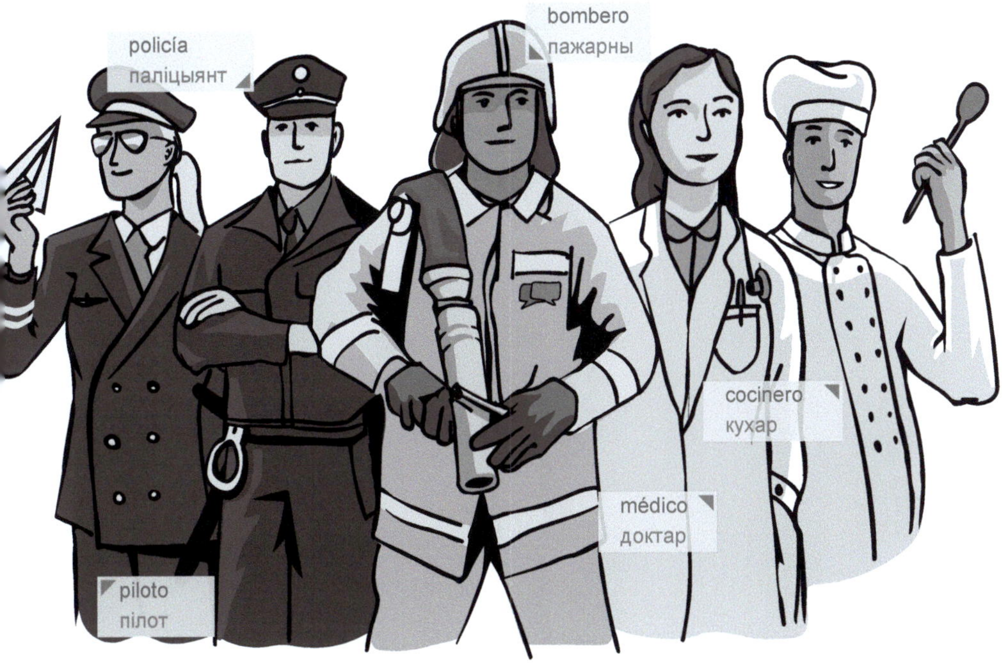

bombero
пажарны
policía
паліцыянт
cocinero
кухар
médico
доктар
piloto
пілот

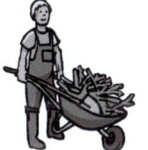

jardinero
садоўнік

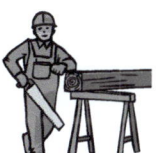

carpintero
слесар

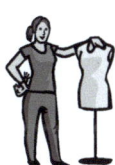

modista
швачка

juez
суддзя

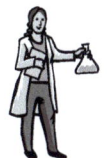

farmacéutico
хімік

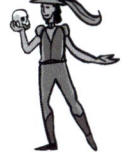

actor
артыст

colectivero

кіроўца аўтобуса

taxista

таксіст

pescador

рыбак

mucama

прыбіральшчыца

techista

страхар

mozo

афіцыянт

cazador

паляўнічы

pintor

мастак

panadero

пекар

electricista

электрык

albañil

будаўнік

ingeniero

інжынер

carnicero

мяsnік

plomero

сантэхнік

cartero

паштальён

soldado

салдат

arquitecto

архітэктар

cajero

касір

florista

фларыст

peluquero

цырульнік

cobrador

кандуктар

mecánico

механік

capitán

капітан

dentista

стаматолаг

científico

вучоны

rabino

рабін

imán

імам

monje

манах

sacerdote

святар

herramientas
інструменты

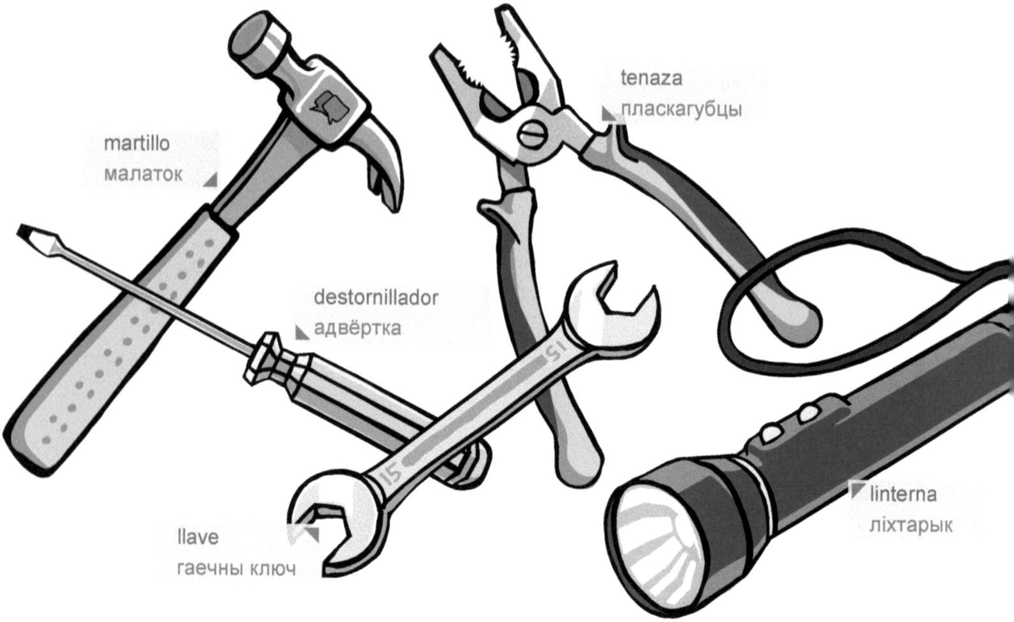

tenaza
пласкагубцы
martillo
малаток
destornillador
адвёртка
linterna
ліхтарык
llave
гаечны ключ

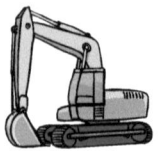

excavadora

экскаватар

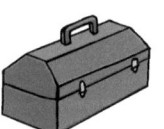

caja de herramientas

скрыня для інструментаў

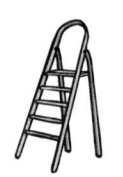

escalera portátil

дравіны

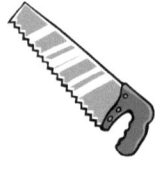

sierra

піла

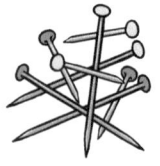

clavos

цвікі

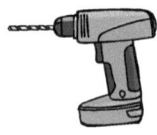

taladro

дрыль

arreglar

рамантаваць

pala de jardín

рыдлеўка

¡Qué bronca!

Халера!

pala de plástico

шуфлік для смецця

tacho de pintura

вядро з фарбаю

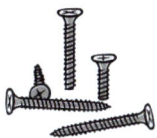

tornillos

балты

instrumentos musicales
музычныя інструменты

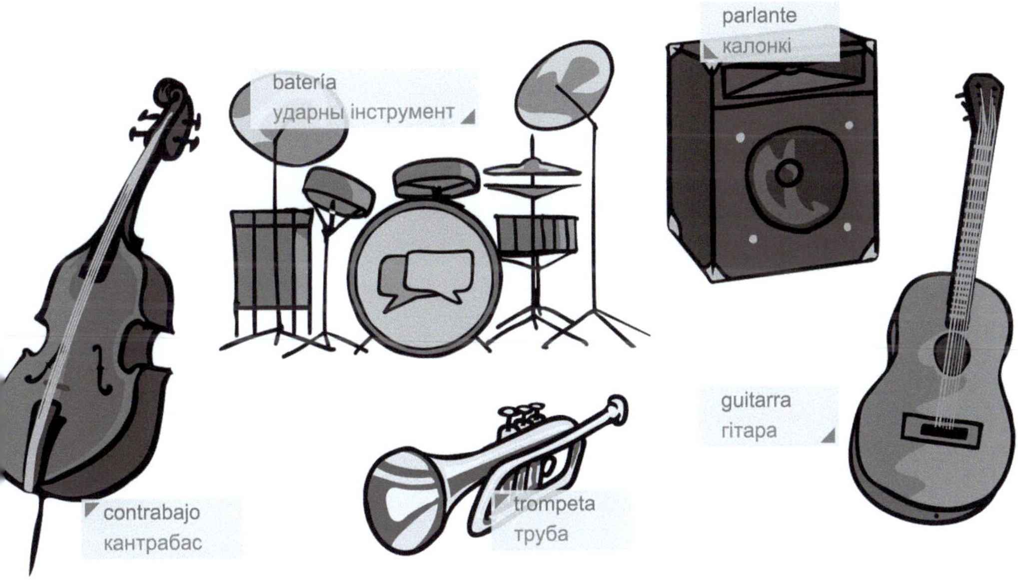

parlante
калонкі

batería
ударны інструмент

contrabajo
кантрабас

trompeta
труба

guitarra
гітара

piano

піяніна

violín

скрыпка

bajo

басгітара

timbales

літаўры

tambor

барабан

teclado

клавішны электрамузычны інструмент

saxofón

саксафон

flauta

флейта

micrófono

мікрафон

zoológico

заапарк

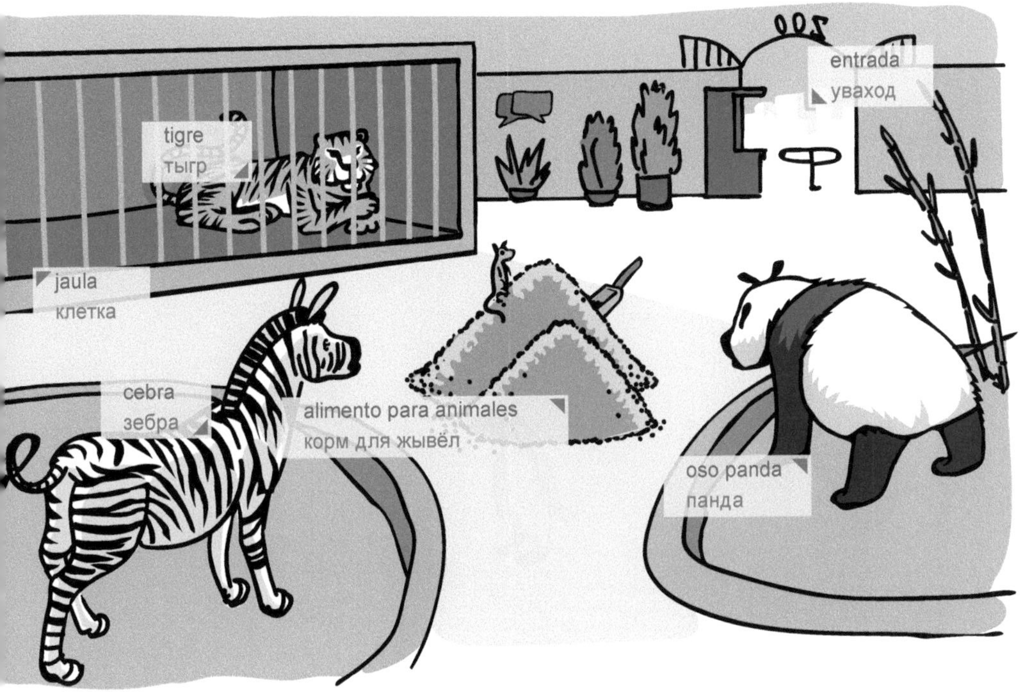

200
entrada
уваход
tigre
тыгр
jaula
клетка
cebra
зебра
alimento para animales
корм для жывёл
oso panda
панда

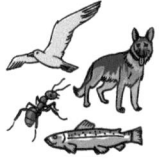

animales

жывёлы

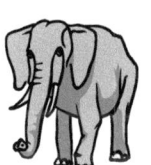

elefante

слон

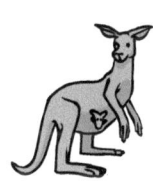

canguro

кенгуру

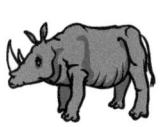

rinoceronte

насарог

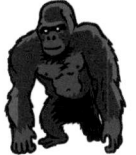

gorila

гарыла

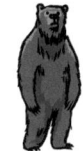

oso

мядзведзь

camello

вярблюд

avestruz

стравус

león

леў

mono

малпа

flamenco

фламінга

loro

папугай

oso polar

белы мядзведзь

pingüino

пінгвін

tiburón

акула

pavo real

паўлін

serpiente

змяя

cocodrilo

кракадзіл

cuidador del zoológico

наглядчык заапарка

foca

цюлень

jaguar

ягуар

poni

поні

leopardo

леапард

hipopótamo

бегемот

jirafa

жыраф

águila

арол

jabalí

дзік

pescado

рыбак

tortuga

чарапаха

morsa

морж

zorro

ліса

gacela

газель

fútbol americano
амерыканскі футбол

ciclismo
веласпорт

tenis
тэніс

básquet
баскетбол

natación
плаванне

boxeo
бокс

hockey sobre hielo
хакей з шайбай

fútbol
футбол

bádminton
бадмінтон

atletismo
лёгкая атлетыка

handball
гандбол

esquí
горныя лыжы

polo
пола

actividades
дзейнасць

saltar
скакаць
abrazar
абдымаць
reír
смяяцца
caminar
іСЦі
cantar
спяваць
soñar
марыць
rezar
маліцца
besar
цалаваць

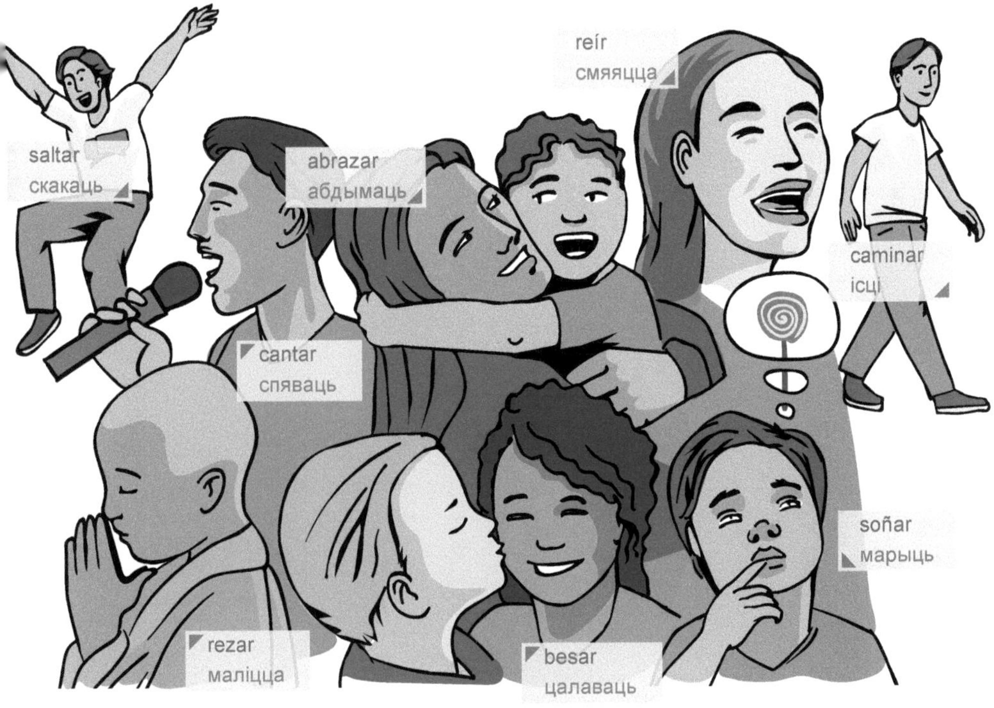

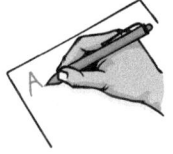

escribir
пісаць

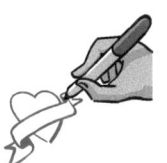

dibujar
маляваць

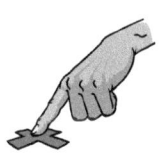

mostrar
паказваць

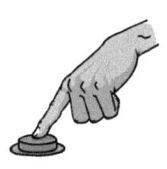

presionar
націснуць

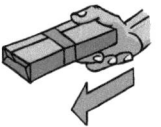

dar
даваць

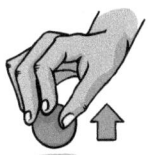

tomar
браць

tener
....
маць

hacer
....
выконваць

ser
....
быць

estar parado
....
стаяць

correr
....
бегчы

tirar
....
цягнуць

tirar
....
кідаць

caer
....
падаць

estar acostado
....
ляжаць

esperar
....
чакаць

llevar
....
насіць

estar sentado
....
сядзець

vestirse
....
апранацца

dormir
....
спаць

despertar
....
прачынацца

mirar

глядзець

llorar

плакаць

acariciar

лашчыць

peinar

прычэсвацца

hablar

гаварыць

entender

разумець

preguntar

пытаць

escuchar

чуць

beber

піць

comer

есці

ordenar

прыбіраць

amar

кахаць

cocinar

гатаваць

manejar

ехаць

volar

лятаць

navegar

плаваць пад ветразем

calcular

лічыць

leer

чытаць

aprender

вучыць

trabajar

працаваць

casarse

уступаць у шлюб

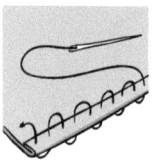

coser

шыць

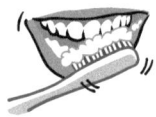

cepillarse los dientes

чысціць зубы

matar

забіваць

fumar

курыць

enviar

пасылаць

abuela
бабуля

abuelo
дзядуля

padre
бацька

madre
маці

bebé
дзіця

hija
дачка

hijo
сын

invitado

госць

tía

цётка

tío

дзядзька

hermano

брат

hermana

сястра

cuerpo

цела

frente
лоб
ojo
вока
hombro
плячо
dedo
палец
cara
твар
pera
падбародак
mano
рука
pecho
грудзі
pierna
нага
brazo
рука

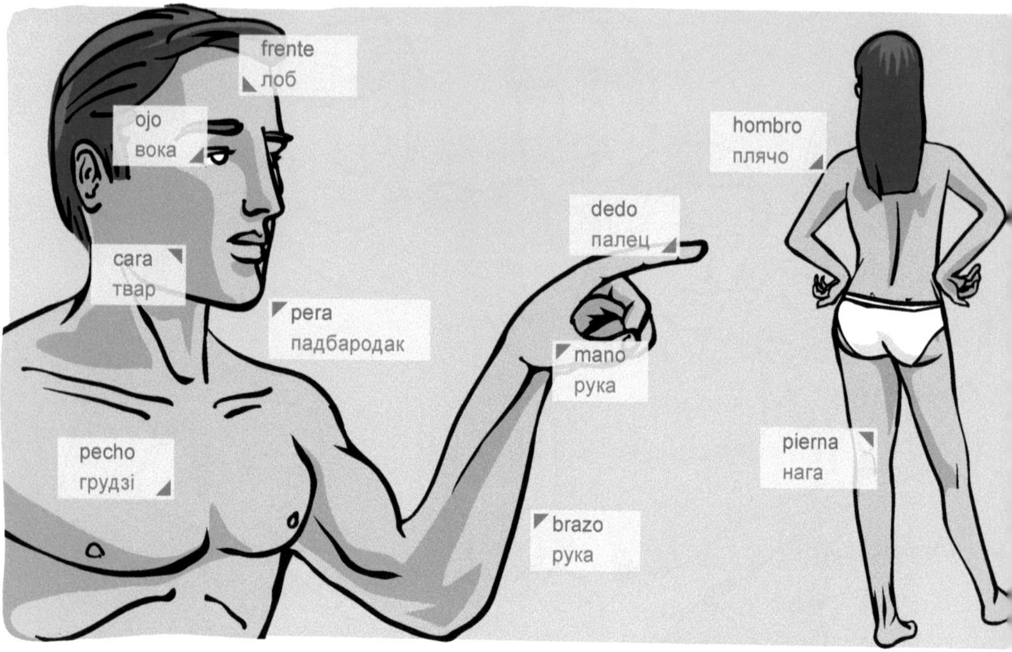

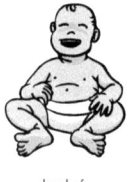

bebé

дзіця

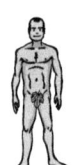

hombre

мужчына

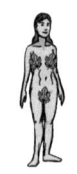

mujer

жанчына

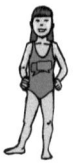

nena

дзяўчынка

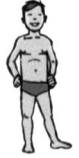

nene

хлопчык

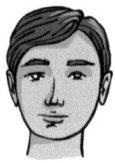

cabeza

галава

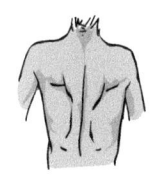

espalda

спіна

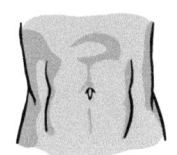

panza

жывот

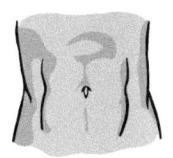

ombligo

пуп

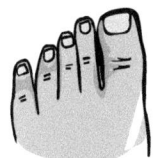

dedo del pie

палец нагі

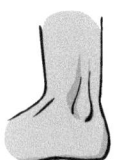

talón

пятка

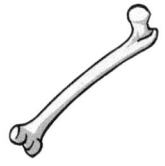

hueso

костка

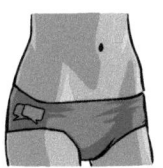

cadera

бядро

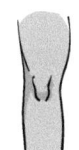

rodilla

калена

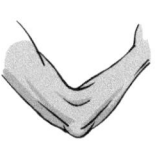

codo

локаць

nariz

нос

cola

ягадзіца

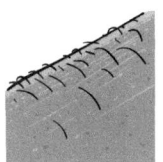

piel

скура

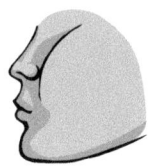

cachete

шчака

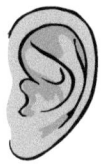

oreja

вуха

labio

губа

boca

рот

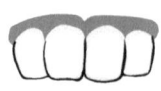

diente

зуб

lengua

язык

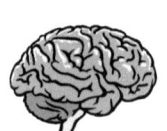

cerebro

галаўны мозг

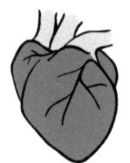

corazón

сэрца

músculo

мышца

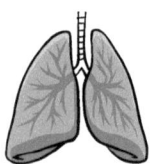

pulmón

лёгкае

hígado

пячонка

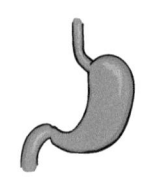

estómago

страўнік

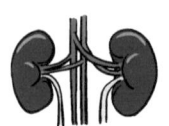

riñones

ныркі

sexo

сэкс

preservativo

прэзерватыў

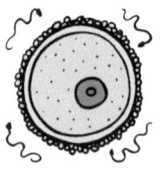

óvulo

яйцаклетка

semen

сперма

embarazo

цяжарнасць

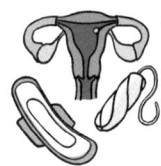

menstruación

менструацыя

vagina

похва

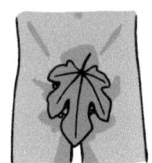

pene

пеніс

ceja

брыво

pelo

валасы

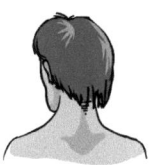

cuello

шыя

hospital
шпіталь

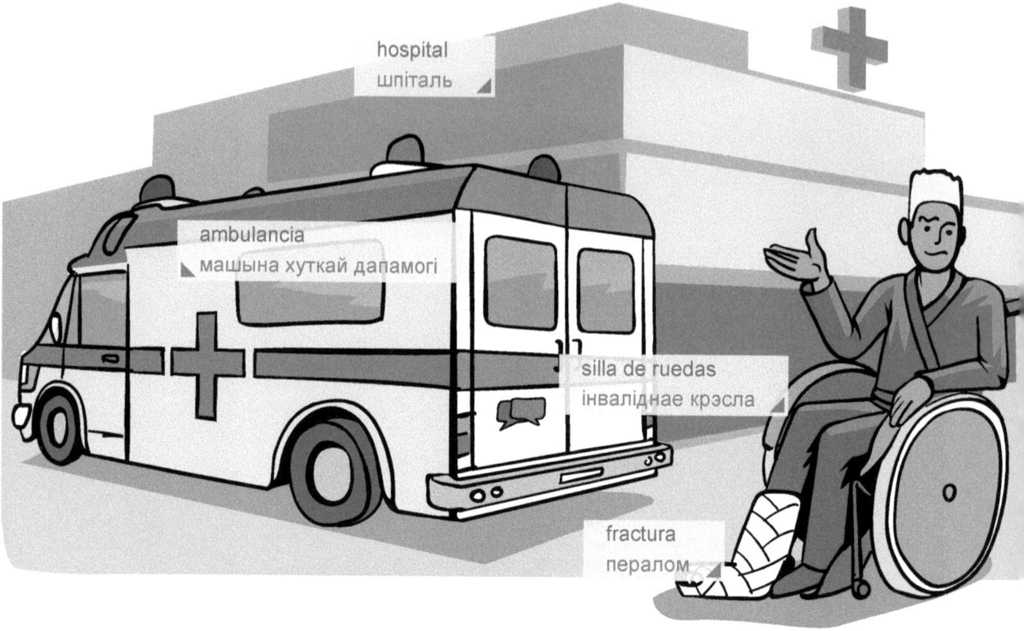

hospital
шпіталь
ambulancia
машына хуткай дапамогі
silla de ruedas
інваліднае крэсла
fractura
пералом

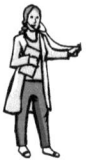

médico
доктар

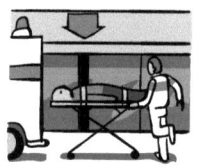

sala de guardia
аддзяленне першай дапамогі

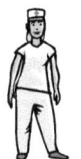

enfermera
медсястра

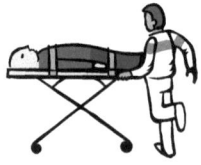

emergencia
экстраная дапамога

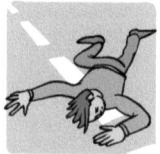

inconsciente
непрытомны

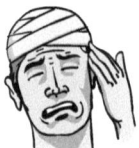

dolor
боль

lesión

траўма

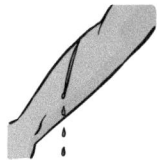

hemorragia

крывацёк

infarto

інфаркт

ACV

апаплексія

alergia

алергія

tos

кашаль

fiebre

гарачка

gripe

грып

diarrea

панос

dolor de cabeza

галаўны боль

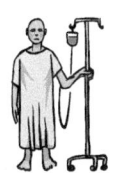

cáncer

рак

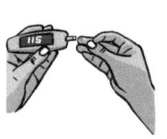

diabetes

дыябет

cirujano

хірург

bisturí

скальпель

operación

аперацыя

hospital - шпіталь

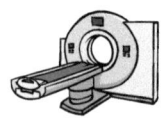

TC
КТ

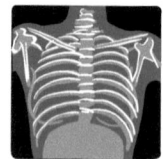

rayos x
рэнтген

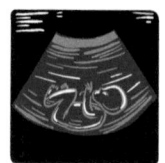

ecografía
ультрагук

barbijo
маска

enfermedad
хвароба

sala de espera
пачакальня

muleta
мыліца

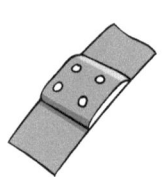

curita
пластыр

venda
бінт

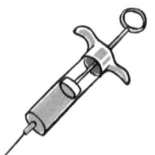

inyección
ін'екцыя

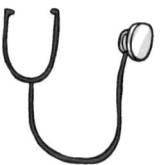

estetoscopio
стэтаскоп

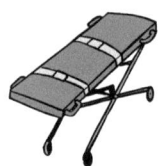

camilla
насілкі

termómetro
градуснік

nacimiento
нараджэнне

sobrepeso
лішняя вага

audífono

слухавы апарат

desinfectante

дэзінфекцыйны сродак

infección

інфекцыя

virus

вірус

VIH / SIDA

ВІЧ/СНІД

remedio

лекі

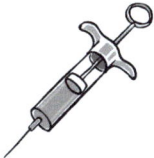

vacunación

прышчэпка

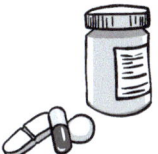

comprimidos

таблеткі

pastilla anticonceptiva

супрацьзачаткавая
таблетка

llamada de emergencia

экстраны выклік

tensiómetro

танометр

enfermo / sano

хворы / здаровы

¡Ayuda!

Ратуйце!

alarma

сігналізацыя

agresión

напад

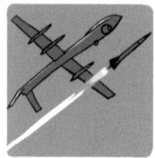

ataque

атака

peligro

небяспека

salida de emergencia

аварыйны выхад

¡Fuego!

Пажар!

matafuego

вогнетушыцель

accidente

аварыя

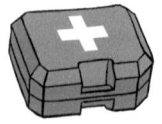

botiquín de primeros
auxilios

аптэчка

SOS

СОС

policía

паліцыя

Europa

Еўропа

América del Norte

Паўночная Амерыка

América del Sur

Паўднёвая Амерыка

África

Афрыка

Asia

Азія

Australia

Аўстралія

Atlántico

Атлантычны акіян

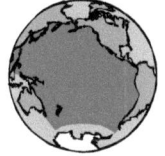

Pacífico

Ціхі акіян

Océano Índico

Індыйскі акіян

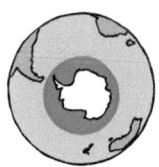

Océano Antártico

Паўднёвы ледавіты акіян

Océano Ártico

Паўночны ледавіты акіян

polo norte

Паўночны полюс

polo sur

Паўднёвы полюс

Antártida

Антарктыда

Tierra

Зямля

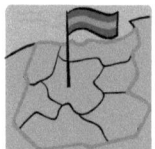

tierra

краіна

mar

мора

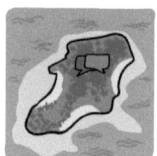

isla

востраў

nación

нацыя

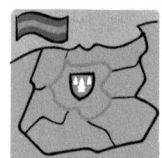

estado

дзяржава

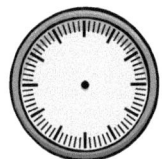

esfera

цыферблат

manecilla de las horas

гадзінная стрэлка

minutero

хвілінная стрэлка

segundero

секундная стрэлка

¿Qué hora es?

Колькі часу?

día

дзень

hora

час

ahora

зараз

reloj digital

электронны гадзіннік

minuto

хвіліна

hora

гадзіна

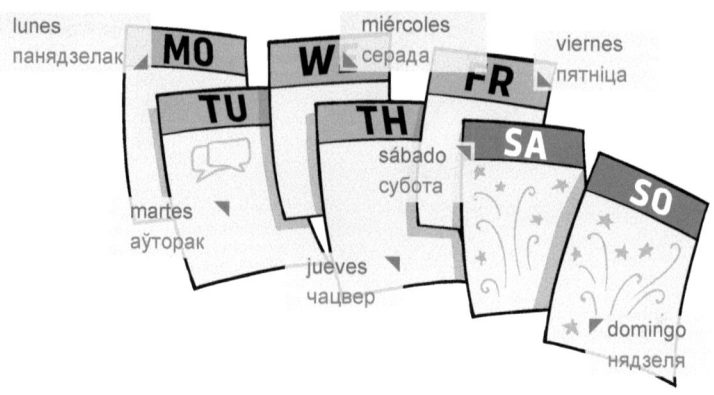

lunes — панядзелак
martes — аўторак
miércoles — серада
jueves — чацвер
viernes — пятніца
sábado — субота
domingo — нядзеля

ayer
ўчора

hoy
сёння

mañana
заўтра

mañana
раніца

mediodía
абед

tarde
вечар

MO	TU	WE	TH	FR	SA	SU
1	2	3	4	5	6	7
8	9	10	11	12	13	14
15	16	17	18	19	20	21
22	23	24	25	26	27	28
29	30	31	1	2	3	4

días hábiles
працоўныя дні

MO	TU	WE	TH	FR	SA	SU
1	2	3	4	5	6	7
8	9	10	11	12	13	14
15	16	17	18	19	20	21
22	23	24	25	26	27	28
29	30	31	1	2	3	4

fin de semana
выхадныя

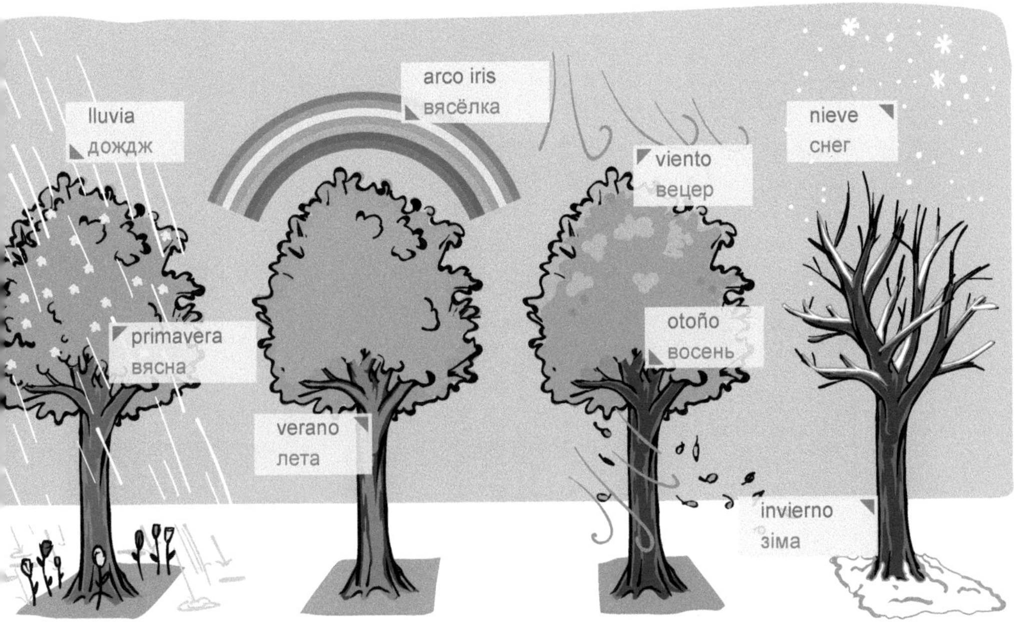

arco iris
вясёлка
lluvia
дождж
viento
вецер
nieve
снег
primavera
вясна
otoño
восень
verano
лета
invierno
зіма

4.APRIL 11°
5.APRIL 4°
6.APRIL 13°
7.APRIL 8°
8.APRIL 10°

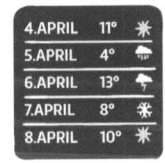

pronóstico meteorológico

прагноз надвор'я

F
C
120
90
60
30
0
-30
40
30
20
10
0
-10
-20

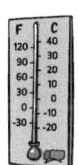

termómetro

градуснік

luz del sol

сонечнае святло

nube

воблака

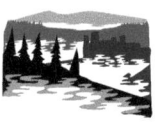

niebla

туман

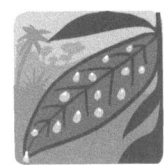

humedad

вільготнасць паветра

rayo

маланка

trueno

гром

tormenta

бура

granizo

град

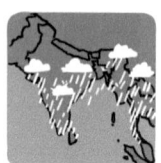

monzón

мусонны вецер

inundación

прыліў

hielo

лёд

enero

студзень

febrero

люты

marzo

сакавік

abril

красавік

mayo

май

junio

чэрвень

julio

ліпень

agosto

жнівень

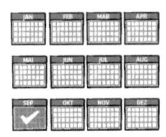

septiembre

верасень

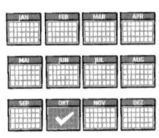

octubre

кастрычнік

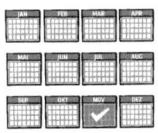

noviembre

лістапад

diciembre

снежань

formas

формы

círculo

круг

cuadrado

квадрат

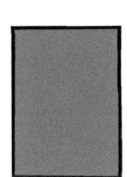

rectángulo

прамавугольнік

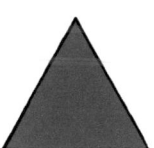

triángulo

трохвугольнік

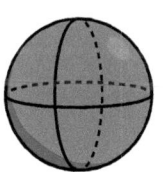

esfera

шар

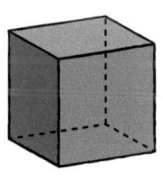

cubo

куб

blanco

белы

amarillo

жоўты

naranja

аранжавы

rosa

ружовы

rojo

чырвоны

violeta

фіялетавы

azul

сіні

verde

зялёны

marrón

карычневы

gris

шэры

negro

чорны

mucho / poco

шмат / мала

enojado / tranquilo

злы / добры

lindo / feo

прыгожы / брыдкі

principio / fin

пачатак / канец

grande / chico

высокі / малы

claro / oscuro

светлы / цёмны

hermano / hermana

сястра / брат

limpio / sucio

чысты / брудны

completo / incompleto

поўны / няпоўны

día / noche

дзень / ноч

muerto / vivo

мёртвы / жывы

ancho / angosto

шырокі / вузкі

comestible / no comestible

ядомы / неядомы

malo / amable

злы / добры

entusiasmado / aburrido

узбуджаны / нудны

gordo / flaco

тоўсты / тонкі

primero / último

першы / апошні

amigo / enemigo

сябар / вораг

lleno / vacío

поўны / пусты

duro / blando

цвёрды / мяккі

pesado / liviano

важкі / лёгкі

hambre / sed

голад / смага

enfermo / sano

хворы / здаровы

ilegal / legal

нелегальны / легальны

inteligente / estúpido

разумны / дурны

izquierda / derecha

левы / правы

cerca / lejos

побач / далёка

nuevo / usado

овы / былы ва ўжыванні

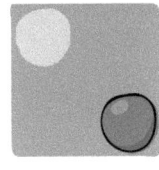

nada / algo

нічога / нешта

viejo / joven

стары / малады

encendido / apagado

укл / выкл

abierto / cerrado

адчынены / зачынены

silencioso / ruidoso

ціхі / гучны

rico / pobre

багаты / бедны

correcto / incorrecto

правільна / няправільна

áspero / suave

шурпаты / гладкі

triste / contento

сумны / шчаслівы

corto / largo

кароткі / доўгі

lento / rápido

павольны / хуткі

mojado / seco

вільготны / сухі

caliente / frío

цёплы / халаднаваты

guerra / paz

вайна / мір

0

cero

нуль

1

uno

адзін

2

dos

два

3

tres

тры

4

cuatro

чатыры

5

cinco

пяць

6

seis

шэсць

7

siete

сем

8

ocho

восем

9

nueve

дзевяць

10

diez

дзесяць

11

once

адзінаццаць

12

doce

дванаццаць

13

trece

трынаццаць

14

catorce

чатырнаццаць

15

quince

пятнаццаць

16

dieciséis

шаснаццаць

17

diecisiete

сямнаццаць

18

dieciocho

васямнаццаць

19

diecinueve

дзевятнаццаць

20

veinte

дваццаць

100

cien

сто

1.000

mil

тысяча

1.000.000

millón

мільён

inglés

англійская

inglés americano

англійская (Амерыка)

chino mandarín

кітайская мандарынская

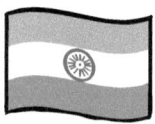

hindi

хіндзі

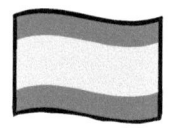

español

іспанская

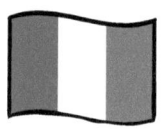

francés

французская

árabe

арабская

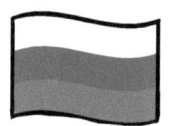

ruso

руская

portugués

партугальская

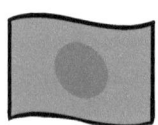

bengalí

бенгальская

alemán

нямецкая

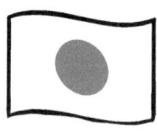

japonés

японская

yo

я

vos

ты

él / ella

ён / яна / яно

nosotros

мы

ustedes

вы

ellos

яны

¿quién?

хто?

¿qué?

што?

¿cómo?

як?

¿dónde?

дзе?

¿cuándo?

калі?

nombre

імя

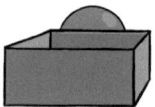

detrás

за

en

у

adelante de

перад

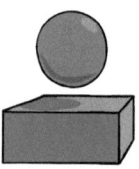

por encima de

над

sobre

на

debajo de

пад

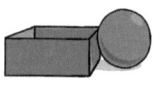

al lado de

каля

entre

паміж

lugar

месца